AF200003

Impressum
Verlag: BABADADA GmbH, Nedderfeld 112 , 22529 Hamburg
Geschäftsführer / Verlagsleitung: Harald Hof
Druck: Books on Demand GmbH, In de Tarpen 42, 22848 Norderstedt

Imprint
Publisher: BABADADA GmbH, Nedderfeld 112 , 22529 Hamburg, Germany
Managing Director / Publishing direction: Harald Hof
Print: Books on Demand GmbH, In de Tarpen 42, 22848 Norderstedt

school
škola

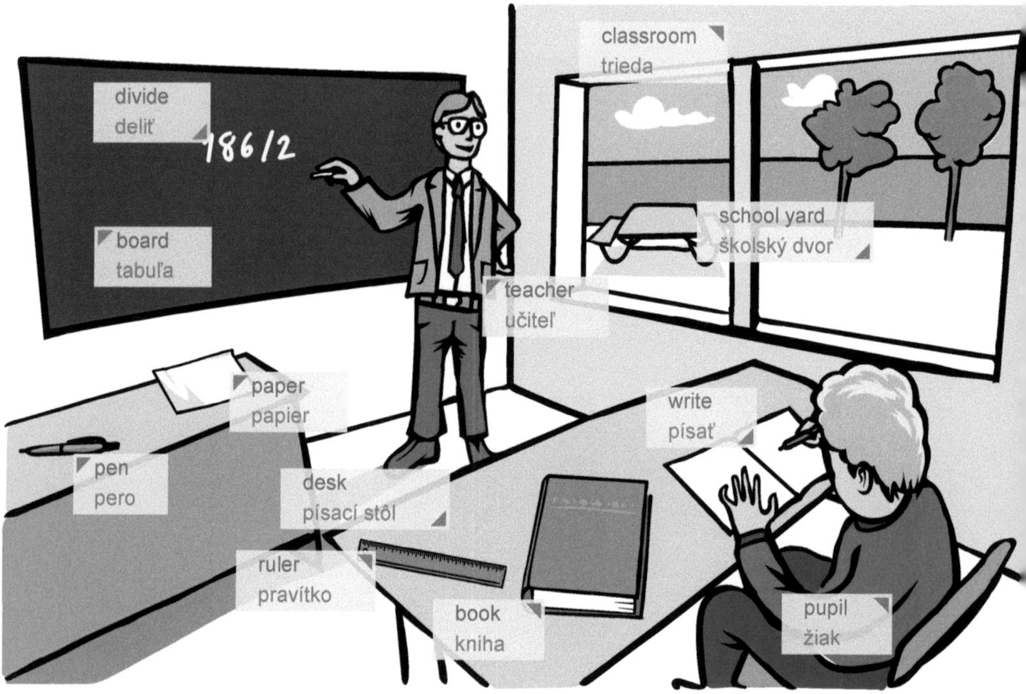

classroom
trieda
divide
deliť
186/2
board
tabuľa
school yard
školský dvor
teacher
učiteľ
paper
papier
write
písať
pen
pero
desk
písací stôl
ruler
pravítko
book
kniha
pupil
žiak

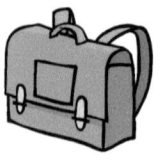

satchel

školská taška

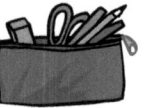

pencil case

peračník

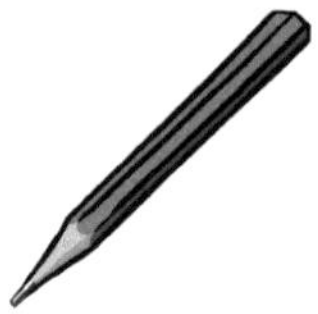

pencil

ceruza

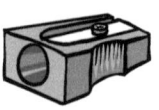

pencil sharpener

strúhadlo na ceruzky

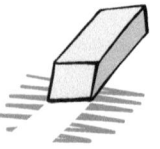

rubber

guma

drawing pad

skicár

drawing
kresba

paintbrush
štetec

paint box
vodové farby

scissors
nožnice

glue
lepidlo

exercise book
cvičný zošit

homework
domáca úloha

number
číslo

add
sčítať

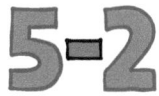

subtract
odčítať

multiply
násobiť

calculate
počítať

letter
písmeno

alphabet
abeceda

word
slovo

text

text

read

čítať

chalk

krieda

lesson

hodina

register

triedna kniha

exam

skúška

certificate

certifikát

school uniform

školská uniforma

education

vzdelanie

encyclopedia

encyklopédia

university

univerzita

microscope

mikroskop

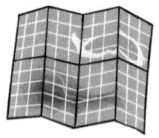

map

mapa

waste-paper basket

kôš na papier

travel
cesta

hotel
hotel
Grand
hostel
nocľaháreň
ROOMS
bureau de change
zmenáreň
CHANGE
car
auto

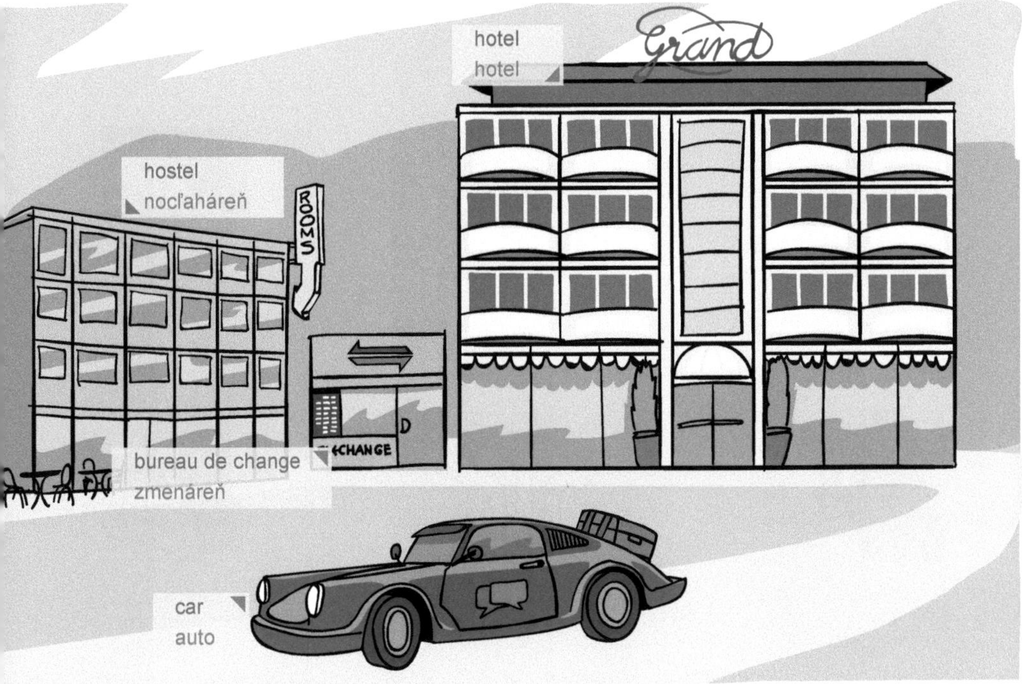

language

jazyk

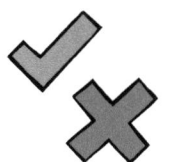

yes / no

áno/nie

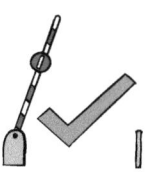

Okay

v poriadku

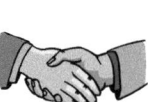

hello

ahoj

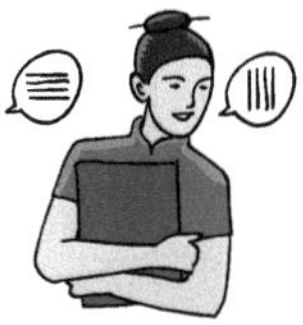

translator

prekladateľ

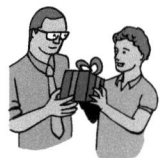

Thank you

ďakujem

how much is...?

Koľko stojí ... ?

I do not understand

Nerozumiem

problem

problém

Good evening!

Dobrý večer!

Good morning!

Dobré ráno!

Good night!

Dobrú noc!

bye bye

Dovidenia

direction

smer

luggage

batožina

bag

taška

backpack

batoh

guest

hosť

room

izba

sleeping bag

spacák

tent

stan

travel - cesta

tourist information

informácie pre turistov

beach

pláž

credit card

kreditná karta

breakfast

raňajky

lunch

obed

dinner

večera

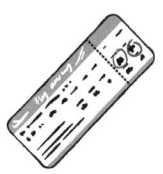

ticket

cestovný lístok

lift

výťah

stamp

poštová známka

border

hranica

customs

clo

embassy

veľvyslanectvo

visa

vízum

passport

cestovný pas

transport
doprava

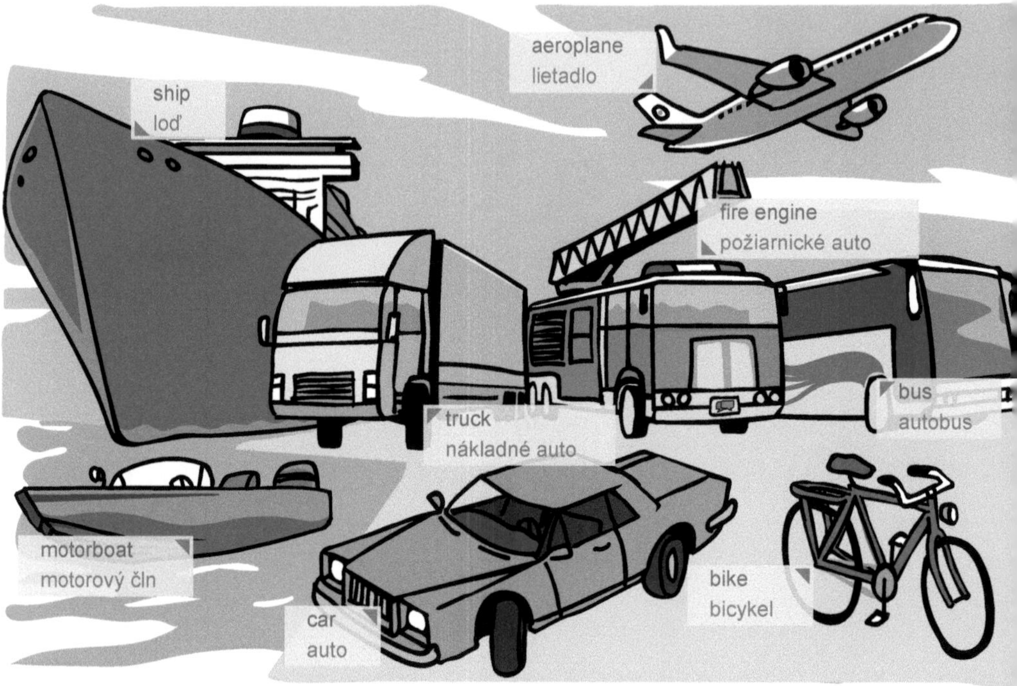

aeroplane
lietadlo
ship
loď
fire engine
požiarnické auto
bus
autobus
truck
nákladné auto
motorboat
motorový čln
bike
bicykel
car
auto

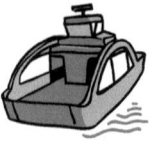

ferry
trajekt

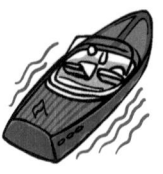

boat
loď

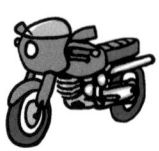

motorbike
motorka

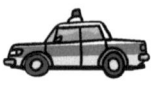

police car
policajné auto

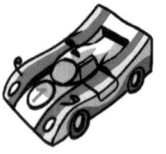

racing car
pretekárske auto

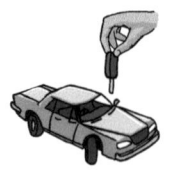

rental car
vozidlo z požičovne

car sharing

carsharing

breakdown truck

odťahové auto

refuse truck

smetiarske auto

motor

motor

fuel

benzín

petrol station

čerpacia stanica

traffic sign

dopravná značka

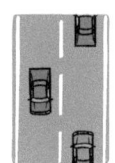

traffic

premávka

traffic jam

zápcha

car park

parkovisko

train station

vlaková stanica

tracks

trate

train

vlak

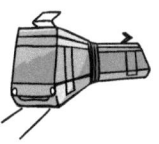

tram

električka

carriage

vagón

helicopter

helikoptéra

airport

letisko

tower

veža

passenger

pasažier

container

kontajner

carton

kartón

cart

vozík

basket

kôš

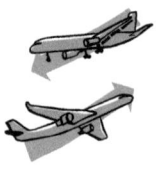

take off / land

štartovať / pristáť

city

mesto

village

dedina

city centre

centrum mesta

house

dom

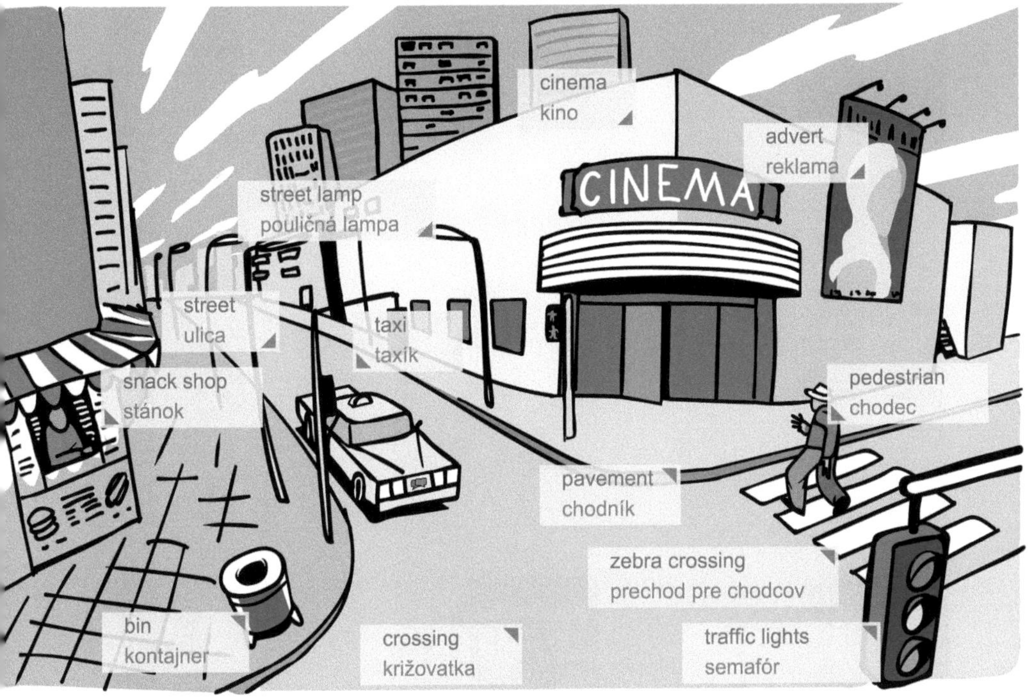

cinema
kino

advert
reklama

street lamp
pouličná lampa

CINEMA

street
ulica

taxi
taxík

snack shop
stánok

pedestrian
chodec

pavement
chodník

zebra crossing
prechod pre chodcov

bin
kontajner

crossing
križovatka

traffic lights
semafór

hut
chata

flat
byt

train station
vlaková stanica

town hall
radnica

museum
múzeum

school
škola

university

univerzita

bank

banka

hospital

nemocnica

hotel

hotel

pharmacy

lekáreň

office

kancelária

book shop

kníhkupectvo

shop

obchod

florist's

kvetinárstvo

supermarket

supermarket

market

trh

department store

obchodný dom

fishmonger's

obchodník s rybami

shopping centre

nákupné stredisko

harbour

prístav

park

park

bench

lavička

bridge

most

stairs

schody

underground

metro

tunnel

tunel

bus stop

autobusová zastávka

bar

bar

restaurant

reštaurácia

postbox

poštová schránka

street sign

tabuľa s názvom ulice

parking meter

parkovacie hodiny

zoo

ZOO

swimming pool

plaváreň

mosque

mešita

farm

farma

pollution

znečisťovanie životného prostredia

graveyard

cintorín

church

kostol

playground

ihrisko

temple

chrám

landscape

terén

signpost
smerová tabuľa

way
cesta

meadow
lúka

stone
kameň

hiker
turista

tree
strom

river
rieka

grass
tráva

flower
kvet

valley
dolina

hill
kopec

lake
jazero

forest
les

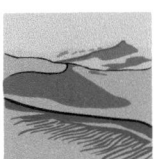

desert
púšť

volcano
vulkán

castle
zámok

rainbow
dúha

mushroom
hríb

palm tree
palma

mosquito
komár

fly
mucha

ant
mravec

bee
včela

spider
pavúk

beetle

chrobák

frog

žaba

squirrel

veverička

hedgehog

jež

hare

zajac

owl

sova

bird

vták

swan

labuť

boar

diviak

deer

jeleň

moose

los

dam

hrádza

wind turbine

veterná turbína

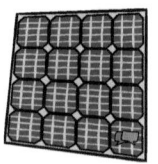

solar panel

solárny panel

climate

podnebie

restaurant
reštaurácia

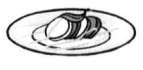

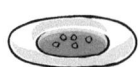

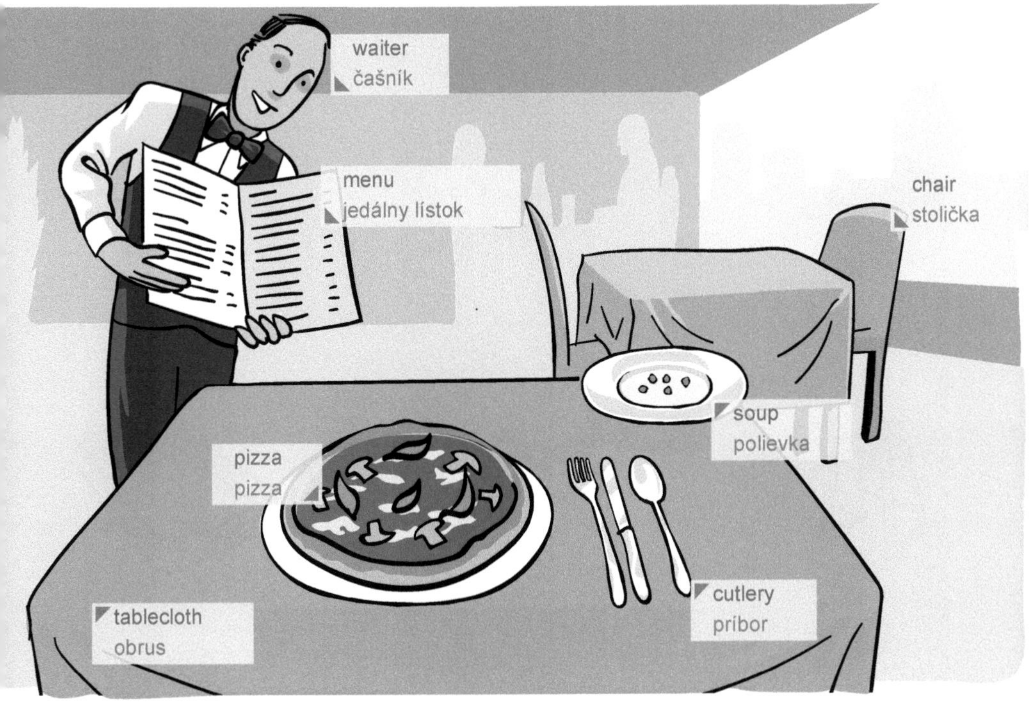
waiter
čašník
menu
jedálny lístok
chair
stolička
soup
polievka
pizza
pizza
cutlery
príbor
tablecloth
obrus

starter
....
predjedlo

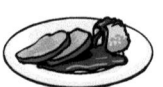

main course
....
hlavné jedlo

dessert
....
zákusok

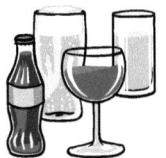

drinks
....
nápoje

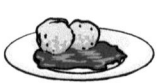

food
....
jedlo

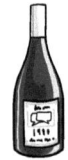

bottle
....
fľaša

fast food
fast-food

street food
street food

teapot
kanvica na čaj

sugar bowl
cukornička

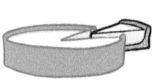

portion
porcia

espresso machine
stroj na espresso

high chair
detská stolička

bill
účet

tray
podnos

knife
nôž

fork
vidlička

spoon
lyžica

teaspoon
čajová lyžička

serviette
obrúsok

glass
pohár

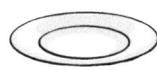

plate

tanier

soup plate

hlboký tanier

saucer

podšálka

sauce

omáčka

salt pot

soľnička

pepper mill

mlynček na korenie

vinegar

ocot

oil

olej

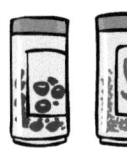

spices

korenie

ketchup

kečup

mustard

horčica

mayonnaise

majonéza

supermarket
supermarket

special offer
špeciálna ponuka
customer
klient
FOR
dairy
mliečne výrobky
fruit
ovocie
trolley
nákupný vozík

BUTCHERS

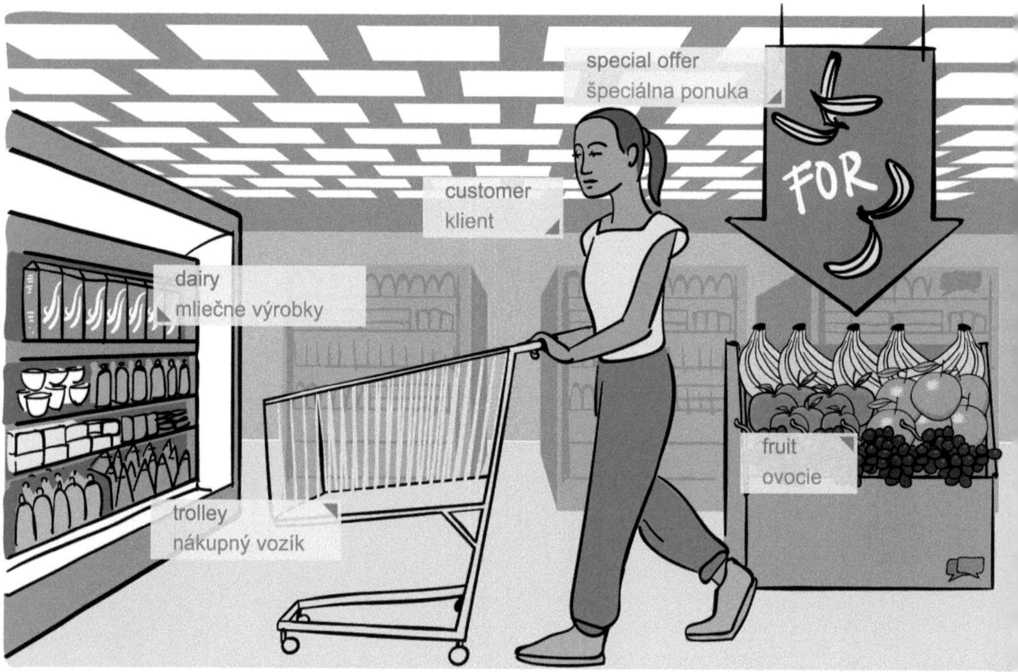

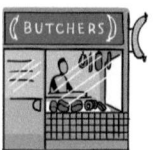

butcher´s

mäsiarstvo

BAKERY

baker´s

pekáreň

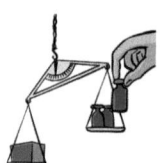

weigh

vážiť

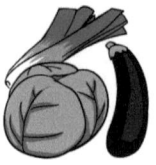

vegetables

zelenina

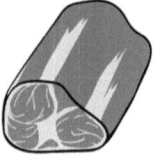

meat

mäso

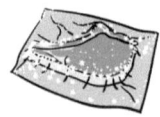

frozen food

mrazené potraviny

cold meat
nárez

tinned food
konzervy

washing powder
prací prostriedok

sweets
sladkosti

household products
domáce potreby

cleaning products
čistiace prostriedky

salesperson
predavačka

till
pokladňa

cashier
pokladník

shopping list
nákupný zoznam

opening hours
otváracie hodiny

wallet
peňaženka

credit card
kreditná karta

bag
taška

plastic bag
plastové vrecko

water
....
voda

juice
....
džús

milk
....
mlieko

coke
....
kola

wine
....
víno

beer
....
pivo

alcohol
....
alkohol

cocoa
....
kakao

tea
....
čaj

coffee
....
káva

espresso
....
espresso

cappuccino
....
kapučíno

banana

banán

apple

jablko

orange

pomaranč

melon

melón

lemon

citrón

carrot

mrkva

garlic

cesnak

bamboo

bambus

onion

cibuľa

mushroom

hríb

nuts

orechy

noodles

rezance

spaghetti

špagety

rice

ryža

salad

šalát

chips

hranolky

fried potatoes

pečené zemiaky

pizza

pizza

hamburger

hamburger

sandwich

obložený chlebík

cutlet

rezeň

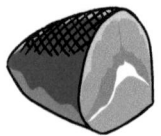

ham

šunka

salami

saláma

sausage

klobása

chicken

kurča

roast

pečené mäso

fish

ryba

porridge oats
....
ovsené vločky

muesli
....
müsli

cornflakes
....
kukuričné lupienky

flour
....
múka

croissant
....
croissant

bread roll
....
pečivo

bread
....
chlieb

toast
....
hrianka

biscuits
....
sušienky

butter
....
maslo

curd
....
tvaroh

cake
....
koláč

egg
....
vajce

fried egg
....
volské oko

cheese
....
syr

ice cream

zmrzlina

sugar

cukor

honey

med

jam

lekvár

chocolate spread

nugátová nátierka

curry

karí korenie

goat	cow	calf
koza	krava	teľa

pig	piglet	bull
prasa	prasiatko	býk

goose

hus

duck

kačica

chick

kuriatko

hen

sliepka

cock

kohút

rat

potkan

cat

mačka

mouse

myš

ox

vôl

dog

pes

doghouse

psia búda

garden hose

záhradná hadica

watering can

krhla

scythe

kosa

plough

pluh

sickle

kosák

hoe

motyka

pitchfork

vidly na hnoj

axe

sekera

wheelbarrow

fúrik

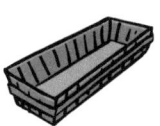

trough

koryto

milk can

kanva na mlieko

sack

vrece

fence

plot

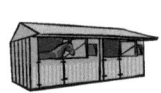

stable

maštaľ

greenhouse

skleník

soil

pôda

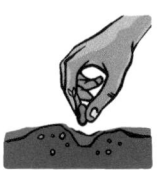

seed

osivo

fertilizer

hnojivo

combine harvester

kombajn

harvest

žať

harvest

žatva

yams

batát

wheat

pšenica

soy

sója

potato

zemiak

corn

kukurica

rapeseed

repka

fruit tree

ovocný strom

cassava

maniok

cereals

obilie

house
dom

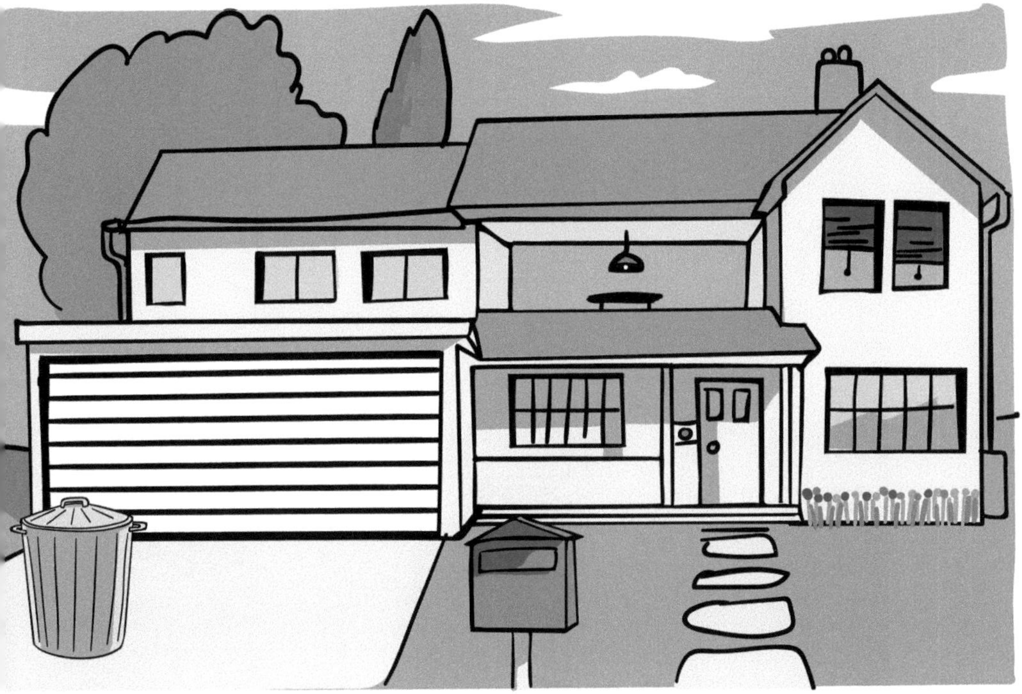

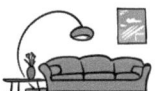

living room
....
obývačka

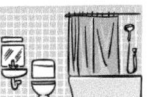

bathroom
....
kúpeľňa

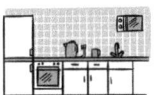

kitchen
....
kuchyňa

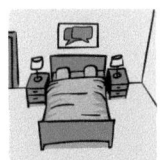

bedroom
....
spálňa

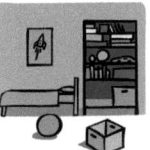

child's room
....
detská izba

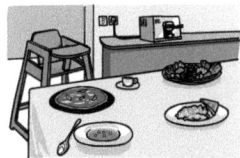

dining room
....
jedáleň

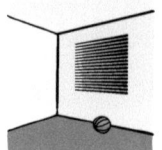

floor

podlaha

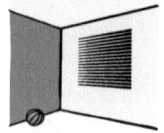

wall

stena

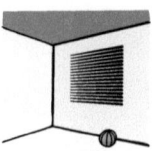

ceiling

strop

cellar

pivnica

sauna

sauna

balcony

balkón

terrace

terasa

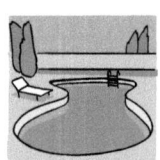

pool

bazén

lawn mower

kosačka

sheet

obliečka

bedspread

posteľná prikrývka

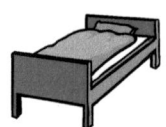

bed

posteľ

broom

metla

bucket

vedro

switch

vypínač

living room
obývačka

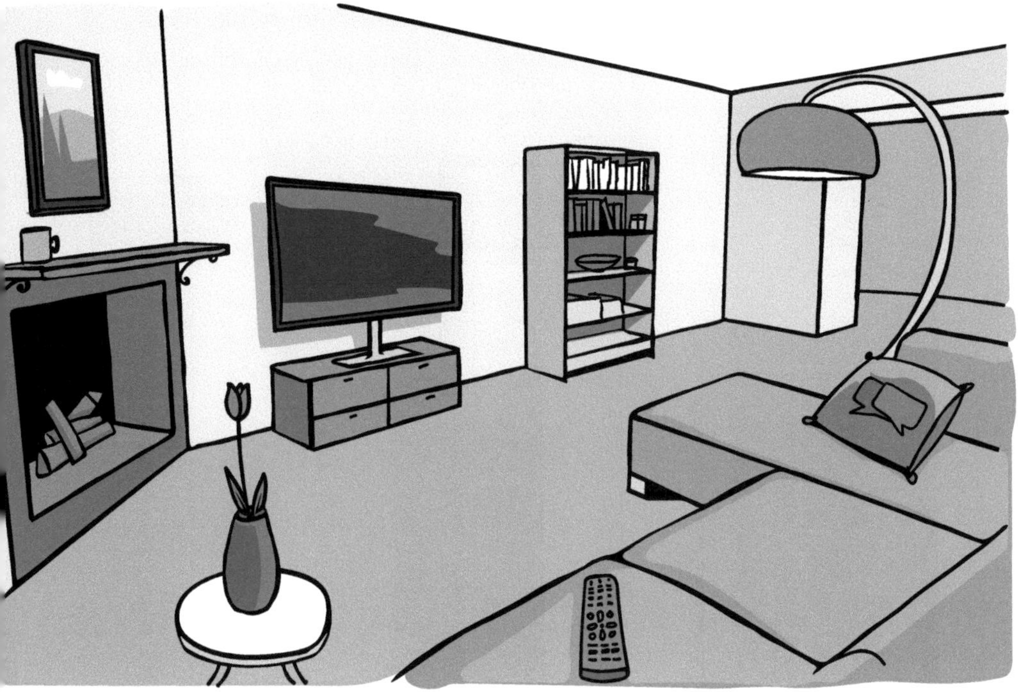

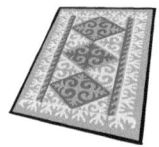

carpet

koberec

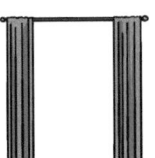

curtain

záclona

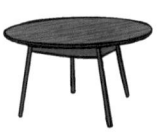

table

stôl

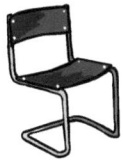

chair

stolička

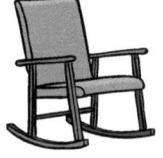

rocking chair

hojdacie kreslo

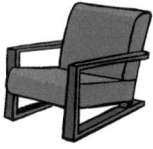

armchair

kreslo

book

kniha

blanket

prikrývka

decoration

dekorácia

firewood

drevo na kúrenie

film

film

hi-fi equipment

hi-fi veža

key

kľúč

newspaper

noviny

painting

maľba

poster

plagát

radio

rádio

notepad

zápisník

hoover

vysávač

cactus

kaktus

candle

sviečka

kitchen
kuchyňa

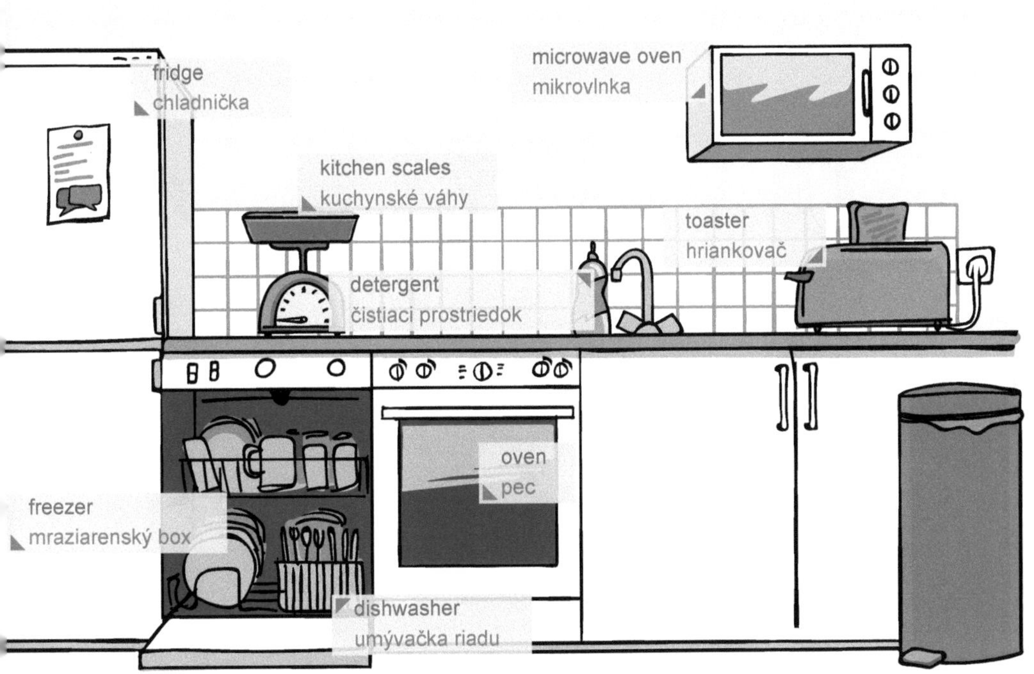
fridge
chladnička
microwave oven
mikrovlnka
kitchen scales
kuchynské váhy
toaster
hriankovač
detergent
čistiaci prostriedok
oven
pec
freezer
mraziarenský box
dishwasher
umývačka riadu

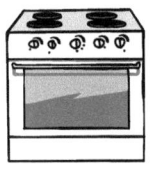

cooker

sporák

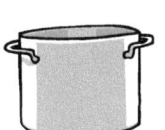

pot

hrniec

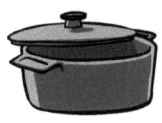

cast-iron pot

železný hrniec

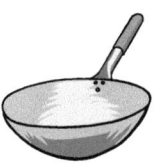

wok / kadai

wok / kadai

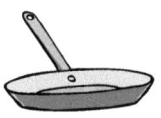

pan

panvica

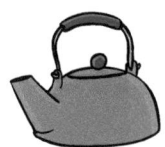

kettle

rýchlovarná kanvica

steamer

parný hrniec

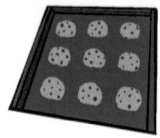

baking tray

plech na pečenie

crockery

riad

mug

pohár

bowl

misa

chopsticks

paličky

ladle

naberačka na polievku

spatula

stierka

whisk

metlička

strainer

cedidlo

sieve

sitko

grater

strúhadlo

mortar

mažiar

barbecue

gril

open fire

ohnisko

chopping board
doska na krájanie

rolling pin
valček na cesto

corkscrew
vývrtka

can
konzerva

can opener
otvárač na konzervy

pot holder
chňapka

sink
výlevka

brush
kefa

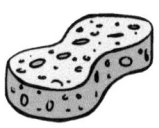

sponge
hubka

blender
mixér

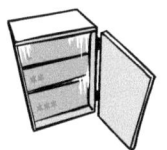

deep freezer
mraznička

baby bottle
kojenecká fľaša

tap
vodovodný kohútik

kitchen - kuchyňa

bathroom
kúpeľňa

heating
kúrenie
shower
sprcha
towel
uterák
shower curtain
sprchový záves
bubble bath
pena do kúpeľa
bathtub
vaňa
glass
pohár
washing machine
práčka
tap
vodovodný kohútik
tiles
dlaždice
potty
nočník
sink
výlevka

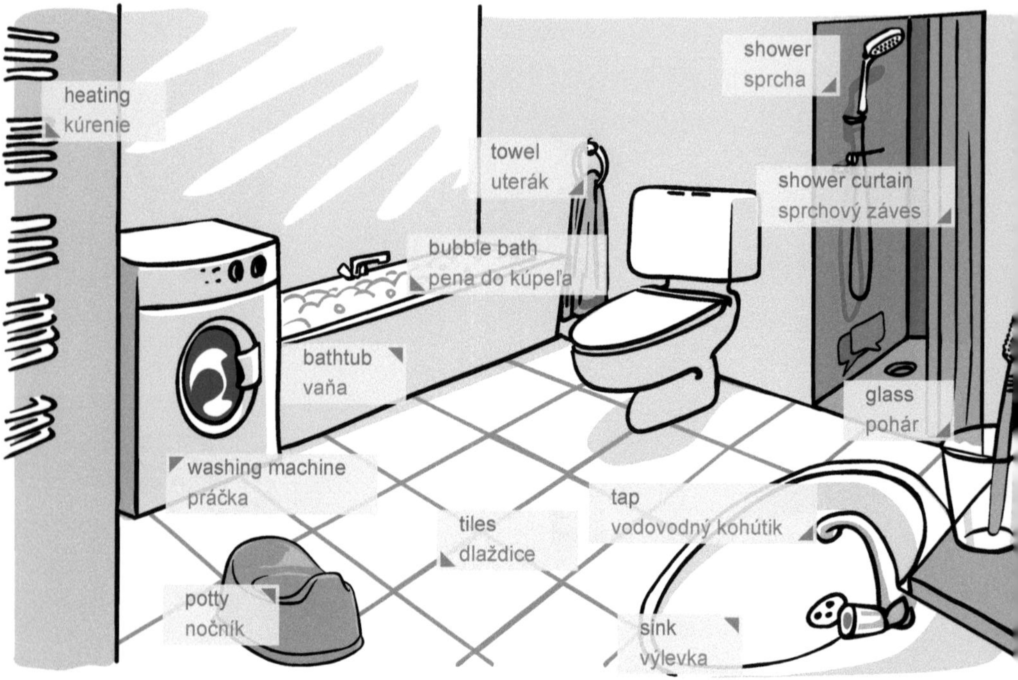

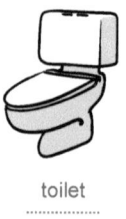

toilet

záchod

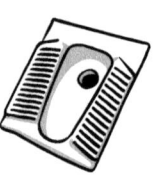

squat toilet

suchý záchod

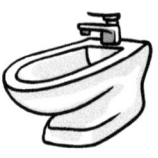

bidet

bidet

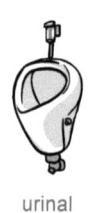

urinal

pisoár

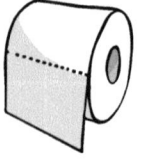

toilet paper

toaletný papier

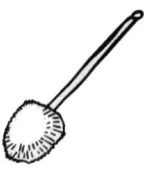

toilet brush

záchodová kefa

toothbrush

zubná kefka

toothpaste

zubná pasta

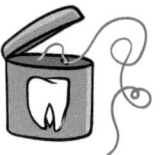

dental floss

dentálna niť

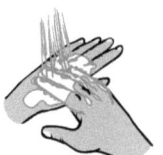

wash

umývať

handheld shower

ručná sprcha

douche

sprcha pre intímnu hygienu

basin

umývadlo

back brush

kefa na chrbát

soap

mydlo

shower gel

sprchový gél

shampoo

šampón

flannel

frotírová rukavica

drain

odtok

cream

krém

deodorant

dezodorant

mirror

zrkadlo

hand mirror

kozmetické zrkadlo

razor

žiletka

shaving foam

pena na holenie

aftershave

voda po holení

comb

hrebeň

brush

kefa

hair dryer

sušič vlasov

hairspray

sprej na vlasy

makeup

make-up

lipstick

rúž

nail varnish

lak na nechty

cotton wool

vata

nail scissors

nožnice na nechty

perfume

parfum

washbag

kozmetická taška

stool

stolček

weighing scale

váha

bathrobe

kúpací plášť

rubber gloves

gumové rukavice

tampon

tampón

sanitary towel

menštruačná vložka

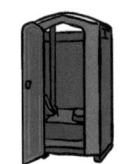

chemical toilet

chemické WC

child's room
detská izba

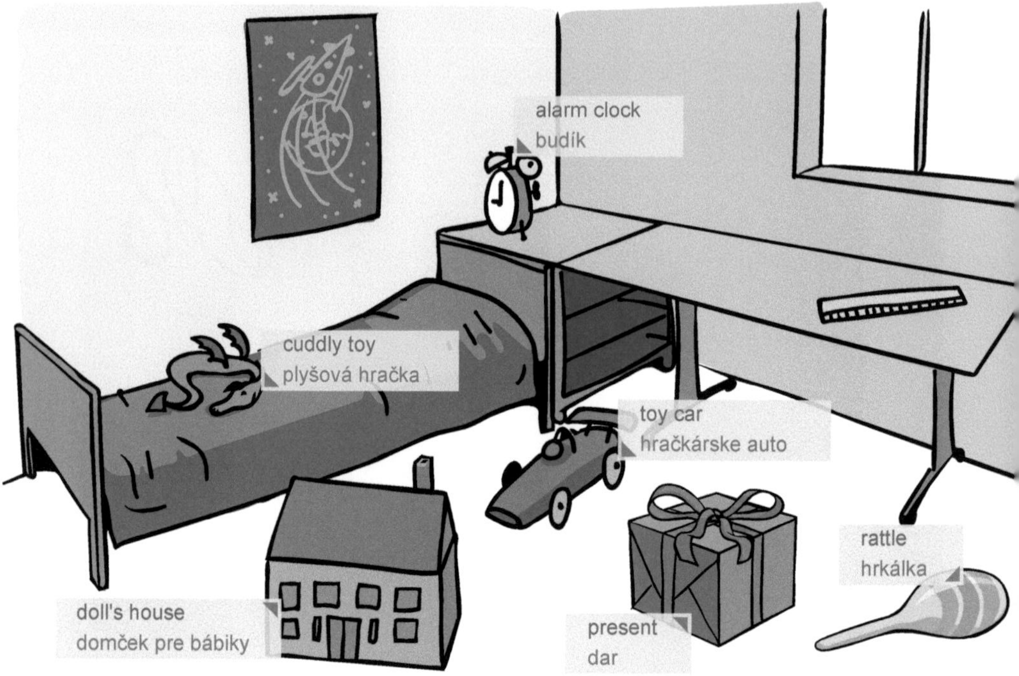
alarm clock
budík
cuddly toy
plyšová hračka
toy car
hračkárske auto
rattle
hrkálka
doll's house
domček pre bábiky
present
dar

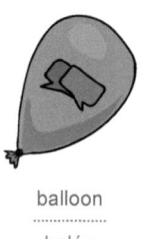

balloon

balón

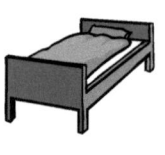

bed

posteľ

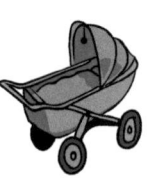

pram

detský kočík

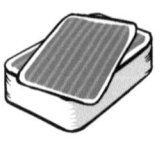

deck of cards

karty

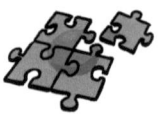

jigsaw

puzzle

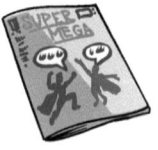

comic

komix

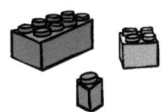

lego bricks

skladačka lego

building blocks

stavebnica

action figure

akčná postavička

babygrow

dupačky

frisbee

lietajúci tanier

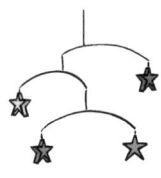

mobile

závesné hračky

board game

stolová hra

dice

kocka

model train set

modelový vláčik

dummy

cumlík

party

párty

picture book

obrázková kniha

ball

lopta

doll

bábika

play

hrať sa

child's room - detská izba

sandpit

pieskovisko

swing

hojdačka

toys

hračky

video game console

hracia konzola

tricycle

trojkolka

teddy bear

medvedík

wardrobe

šatník

clothing
šatstvo

socks

ponožky

stockings

pančuchy

tights

pančuchové nohavičky

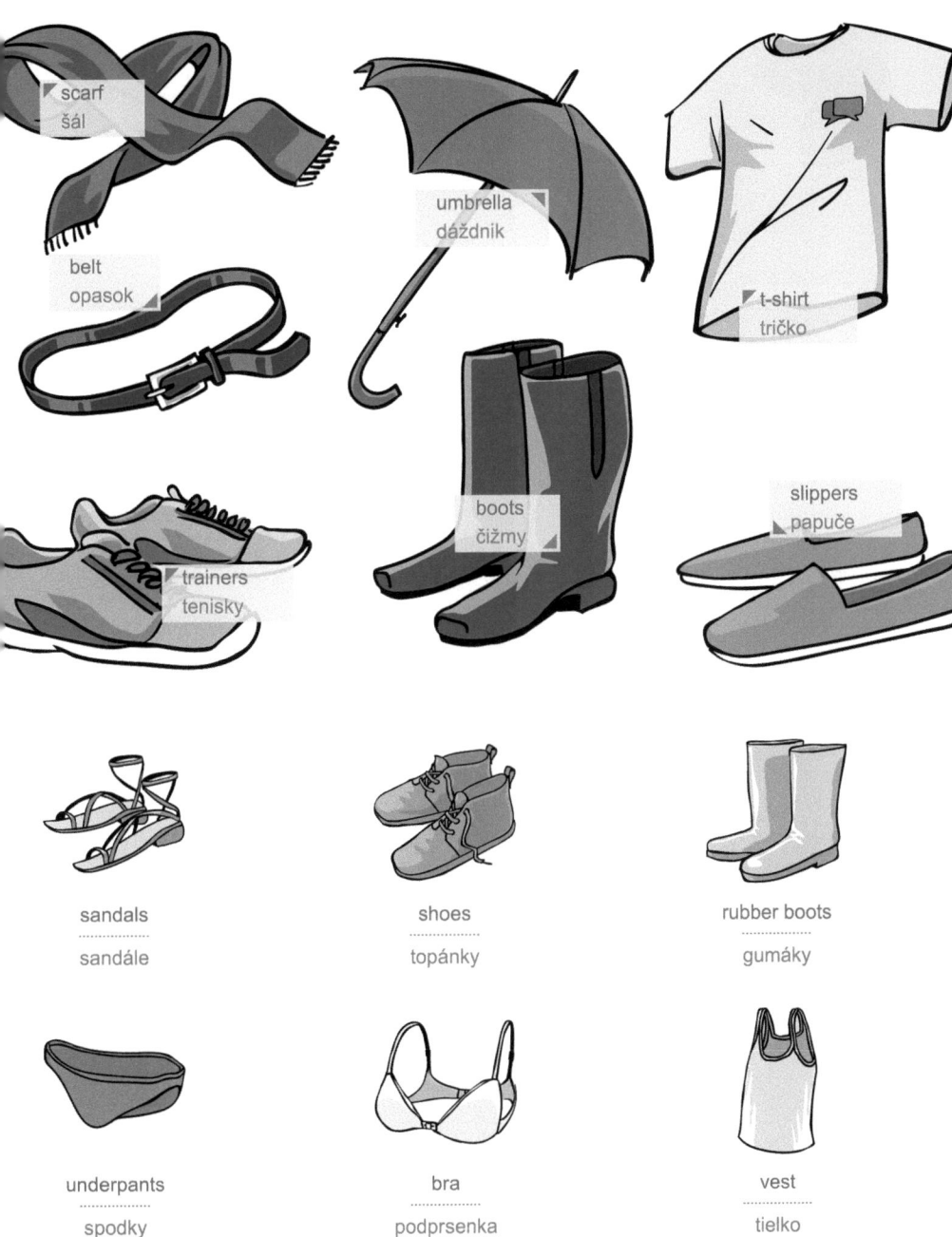

scarf
šál

belt
opasok

umbrella
dáždnik

t-shirt
tričko

trainers
tenisky

boots
čižmy

slippers
papuče

sandals	shoes	rubber boots
sandále	topánky	gumáky
underpants	bra	vest
spodky	podprsenka	tielko

clothing - šatstvo

body
body

trousers
nohavice

jeans
džínsy

skirt
sukňa

blouse
blúzka

shirt
košeľa

pullover
pulóver

hoodie
sveter

blazer
blejzer

jacket
bunda

coat
kabát

raincoat
pršiplášť

costume
kostým

dress
šaty

wedding dress
svadobné šaty

suit
oblek

nightgown
nočná košeľa

pyjamas
pyžamo

sari
sari

headscarf
šatka na hlavu

turban
turban

burqa
burka

kaftan
kaftan

abaya
abaja

swimsuit
dvojdielne plavky

trunks
plavky

shorts
šortky

tracksuit
tepláková súprava

apron
zástera

gloves
rukavice

button

gombík

glasses

okuliare

bracelet

náramok

necklace

retiazka

ring

prsteň

earring

náušnica

cap

čiapka

coat hanger

vešiak

hat

klobúk

tie

kravata

zip

zips

helmet

prilba

braces

traky

school uniform

školská uniforma

uniform

uniforma

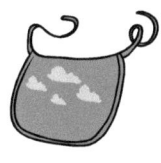

bib

podbradník

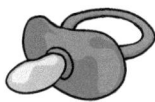

dummy

cumlík

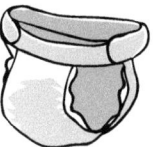

nappy

plienka

office
kancelária

server
server
filing cabinet
skriňa na spisy
printer
tlačiareň
paper
papier
monitor
monitor
mouse
myš
desk
písací stôl
folder
zakladač
keyboard
klávesnica
chair
stolička
waste-paper basket
kôš na papier
computer
počítač

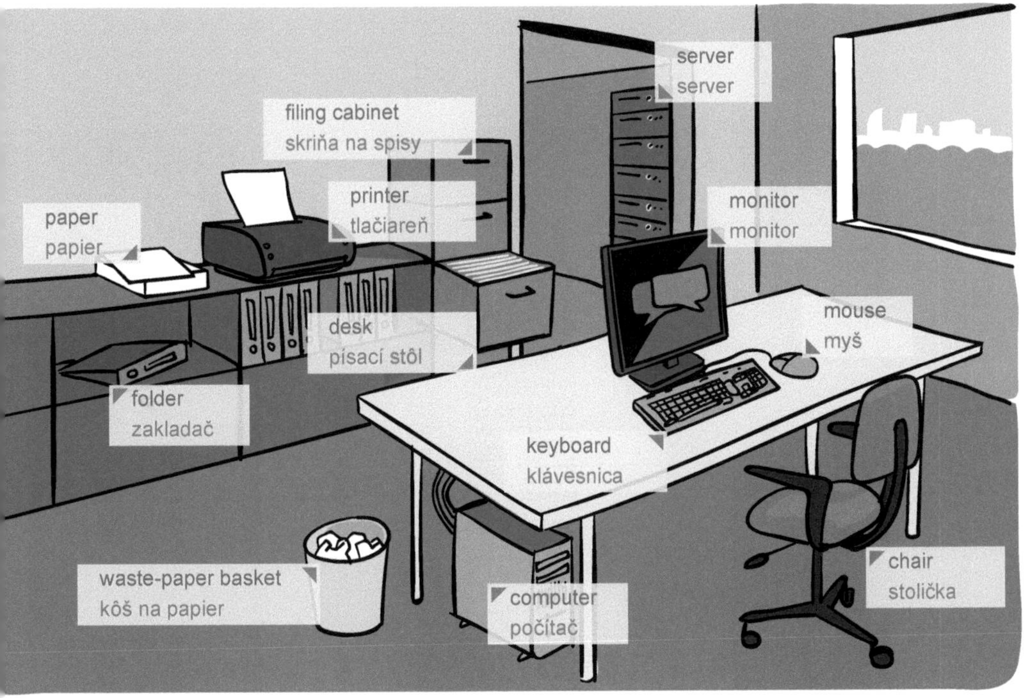

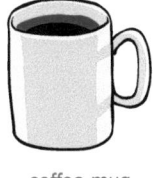

coffee mug

hrnček na kávu

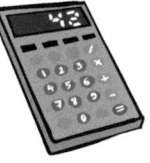

calculator

kalkulačka

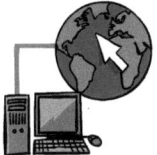

internet

internet

laptop

laptop

letter

list

message

správa

mobile

mobil

network

sieť

photocopier

kopírka

software

softvér

telephone

telefón

plug socket

elektrická zásuvka

fax machine

fax

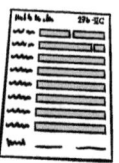

form

formulár

document

doklad

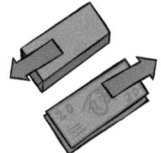

buy

kúpiť

pay

platiť

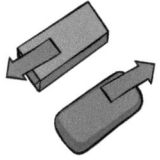

trade

obchodovať

money

peniaze

USD

dollar

dolár

EUR

euro

euro

JPY

yen

jen

RUB

rouble

rubeľ

CHF

Swiss franc

švajčiarsky frank

CNY

renminbi yuan

čínsky jüan

INR

rupee

rupia

cashpoint

bankomat

bureau de change

zmenáreň

gold

zlato

silver

striebro

oil

ropa

energy

energia

price

cena

contract

zmluva

tax

daň

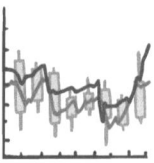

stock

akcia

work

pracovať

employee

zamestnanec

employer

zamestnávateľ

factory

továreň

shop

obchod

police officer
policajt

fireman
hasič

cook
kuchár

doctor
lekár

pilot
pilót

gardener

záhradník

carpenter

stolár

seamstress

krajčírka

judge

sudca

chemist

chemik

actor

herec

bus driver

vodič autobusu

taxi driver

taxikár

fisherman

rybár

cleaning lady

upratovačka

roofer

pokrývač

waiter

čašník

hunter

poľovník

painter

maliar

baker

pekár

electrician

elektrikár

builder

stavebný robotník

engineer

inžinier

butcher

mäsiar

plumber

klampiar

postman

poštár

soldier

vojak

architect

architekt

cashier

pokladník

florist

kvetinár

hairdresser

kaderník

conductor

sprievodca

mechanic

mechanik

captain

kapitán

dentist

zubár

scientist

vedec

rabbi

rabín

imam

imám

monk

mních

clergyman

farár

tools
náradie

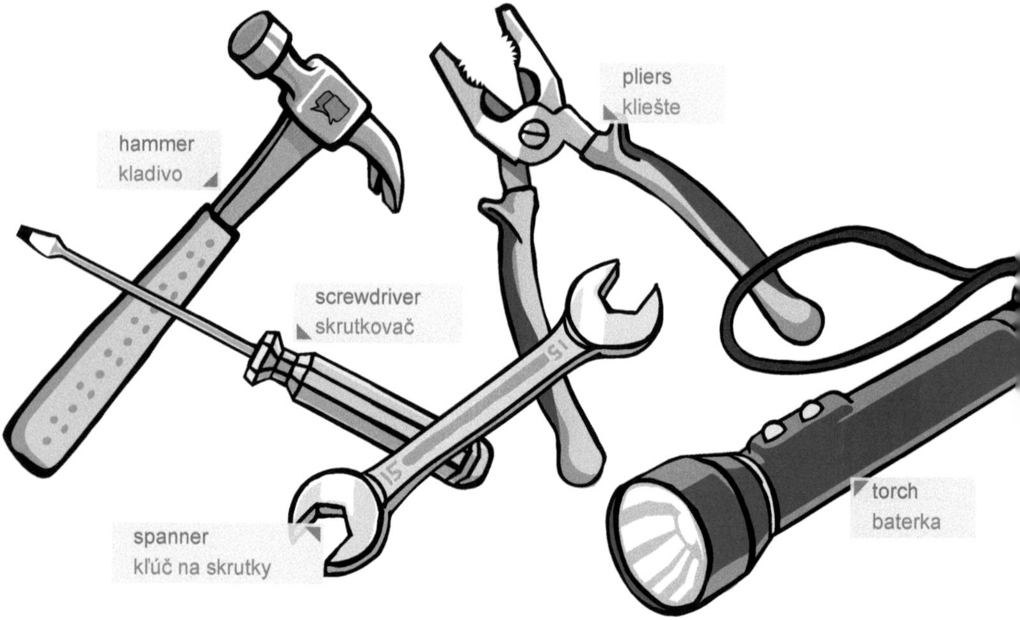
pliers
kliešte
hammer
kladivo
screwdriver
skrutkovač
spanner
kľúč na skrutky
torch
baterka

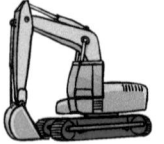

digger

bager

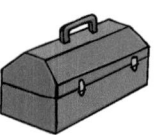

toolbox

súprava náradia

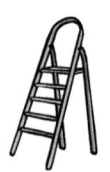

ladder

rebrík

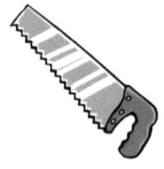

saw

pílka

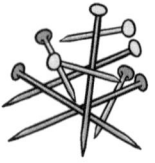

nails

klince

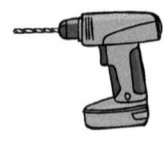

drill

vrták

repair
....
opraviť

shovel
....
lopata

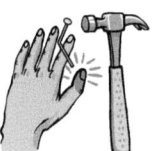

Damn!
....
Do čerta!

dustpan
....
lopatka na smeti

paint pot
....
nádoba s farbou

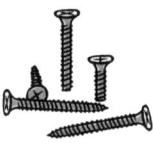

screws
....
skrutky

musical instruments
hudobné nástroje

loudspeaker
reproduktor

drum kit
bicie

double bass
kontrabas

trumpet
trúbka

guitar
gitara

piano

klavír

violin

husle

bass

basa

timpani

tympany

drums

bubon

keyboard

klávesnica

saxophone

saxofón

flute

flauta

microphone

mikrofón

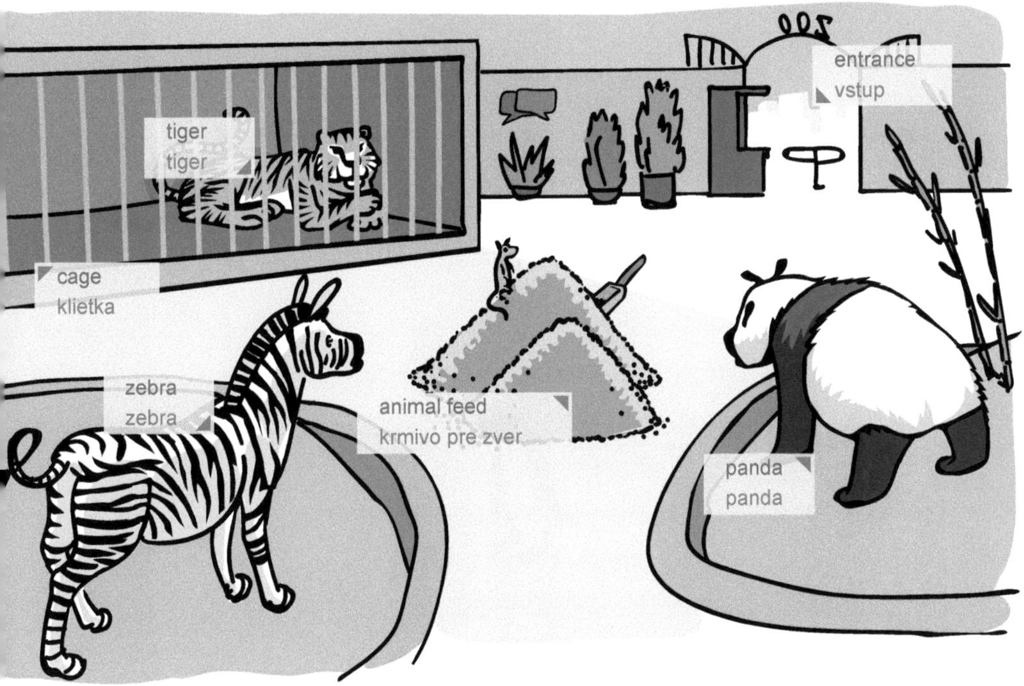

entrance
vstup

tiger
tiger

cage
klietka

zebra
zebra

animal feed
krmivo pre zver

panda
panda

animals

zvieratá

elephant

slon

kangaroo

klokan

rhino

nosorožec

gorilla

gorila

bear

medveď

camel

ťava

ostrich

pštros

lion

lev

monkey

opica

flamingo

plameniak

parrot

papagáj

polar bear

ľadový medveď

penguin

tučniak

shark

žralok

peacock

páv

snake

had

crocodile

krokodíl

zookeeper

ošetrovateľ v ZOO

seal

tuleň

jaguar

jaguár

pony
poník

leopard
leopard

hippo
hroch

giraffe
žirafa

eagle
orol

boar
diviak

fish
ryba

turtle
korytnačka

walrus
mrož

fox
líška

gazelle
gazela

zoo - ZOO

American football
americký futbal

cycling
cyklistika

tennis
tenis

basketball
basketbal

swimming
plávanie

boxing
box

ice hockey
hokej

football
futbal

badminton
bedminton

athletics
ľahká atletika

handball
hádzaná

skiing
lyžovanie

polo
pólo

laugh
smiať sa

jump
skočiť

hug
objať

sing
spievať

walk
chodiť

pray
modliť sa

kiss
pobozkať

dream
snívať

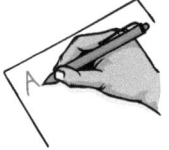

write

písať

draw

kresliť

show

ukázať

push

tlačiť

give

dať

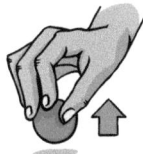

take

brať

have
....
mať

do
....
robiť

be
....
byť

stand
....
stáť

run
....
bežať

pull
....
ťahať

throw
....
hádzať

fall
....
padnúť

lie
....
ležať

wait
....
čakať

carry
....
nosiť

sit
....
sedieť

get dressed
....
obliecť sa

sleep
....
spať

wake up
....
zobudiť sa

look at

pozerať

cry

plakať

stroke

hladkať

comb

česať

talk

hovoriť

understand

rozumieť

ask

pýtať sa

listen

počuť

drink

piť

eat

jesť

tidy up

upratať

love

milovať

cook

variť

drive

jazdiť

fly

letieť

activities - aktivity

sail

plachtiť

calculate

počítať

read

čítať

learn

učiť sa

work

pracovať

marry

oženiť

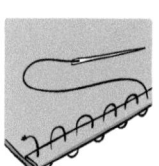

sew

šiť

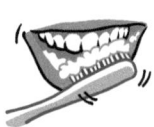

brush teeth

čistiť zuby

kill

zabiť

smoke

fajčiť

send

poslať

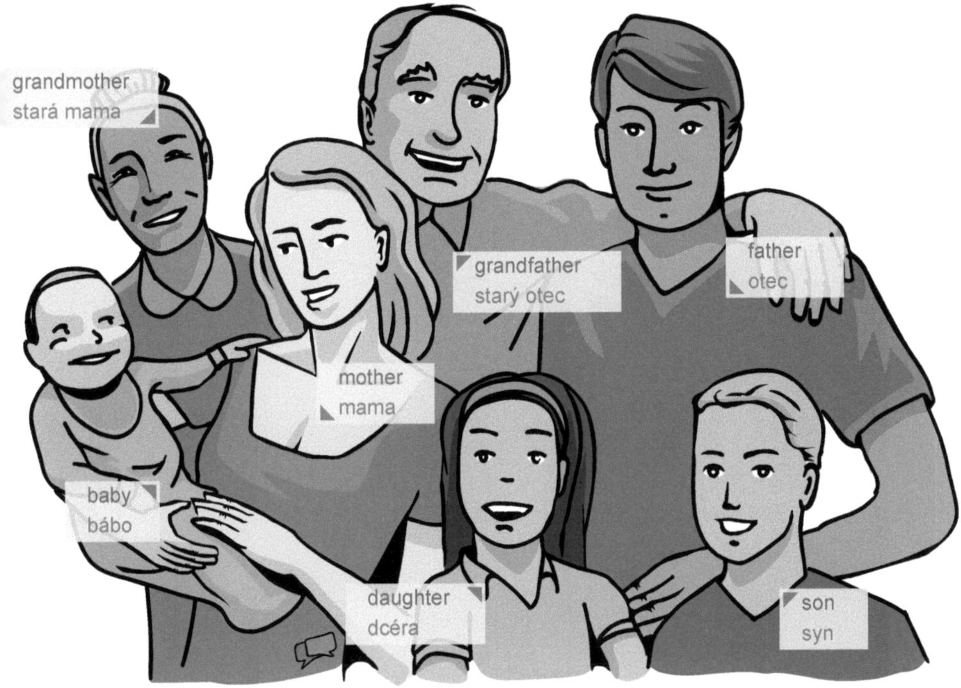

grandmother
stará mama

grandfather
starý otec

father
otec

mother
mama

baby
bábo

daughter
dcéra

son
syn

guest

hosť

aunt

teta

uncle

strýko

brother

brat

sister

sestra

body
telo

forehead
čelo
eye
oko
shoulder
plece
finger
prst
face
tvár
chin
brada
hand
ruka
leg
noha
breast
hruď
arm
rameno

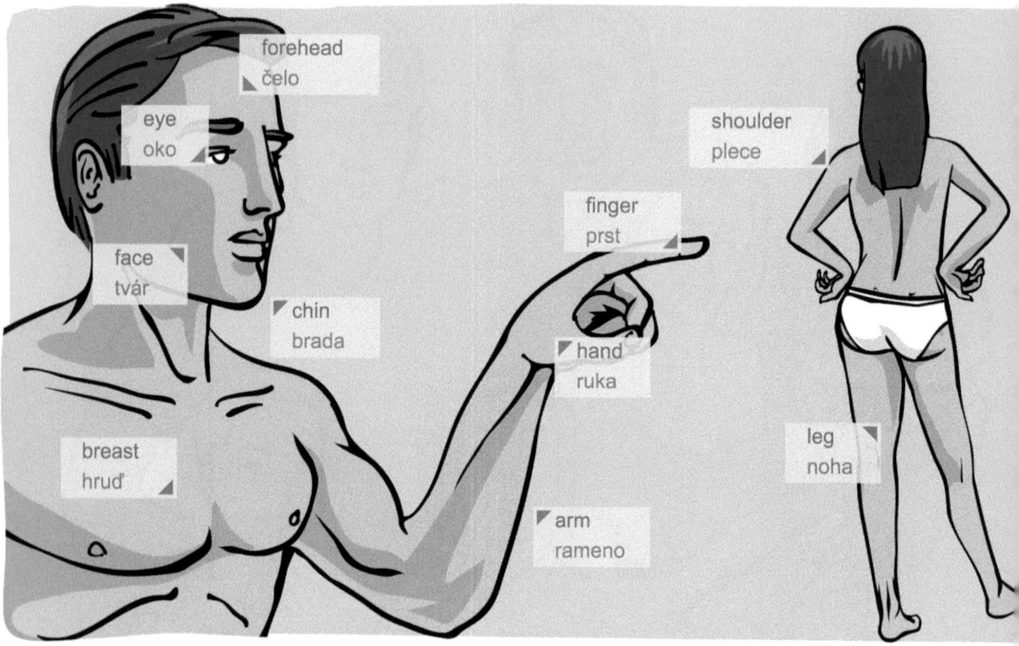

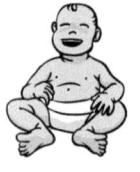

baby

bábo

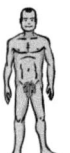

man

muž

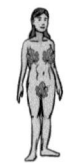

woman

žena

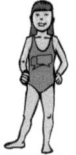

girl

dievča

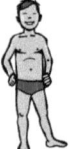

boy

chlapec

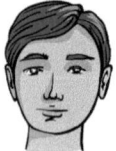

head

hlava

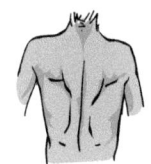

back

chrbát

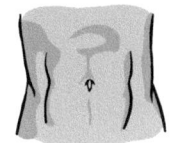

belly

brucho

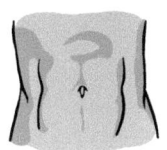

belly button

pupok

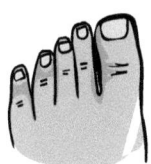

toe

prst na nohe

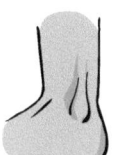

heel

päta

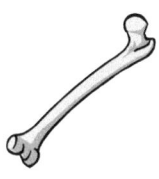

bone

kosť

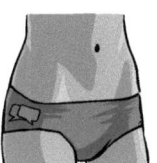

hip

bok

knee

koleno

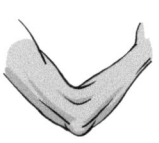

elbow

lakeť

nose

nos

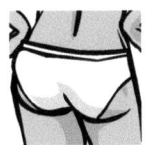

bottom

zadok

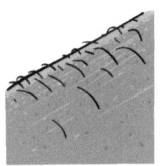

skin

koža

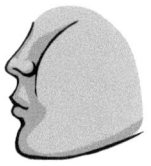

cheek

líce

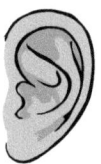

ear

ucho

lip

pery

body - telo

mouth

ústa

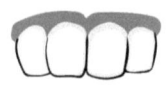

tooth

zub

tongue

jazyk

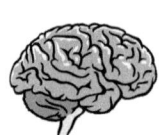

brain

mozog

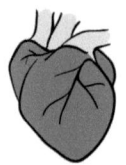

heart

srdce

muscle

svaly

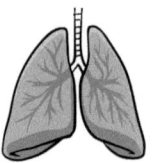

lung

pľúca

liver

pečeň

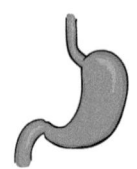

stomach

žalúdok

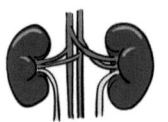

kidneys

obličky

sex

pohlavný styk

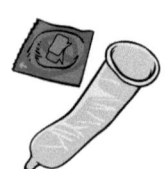

condom

kondóm

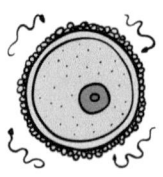

ovum

vaječná bunka

semen

semeno

pregnancy

tehotenstvo

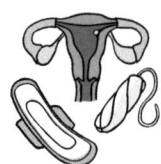

menstruation

menštruácia

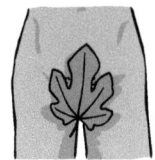

vagina

vagína

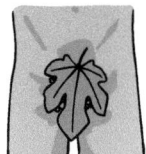

penis

penis

eyebrow

obočie

hair

vlasy

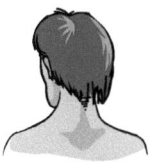

neck

krk

hospital

nemocnica

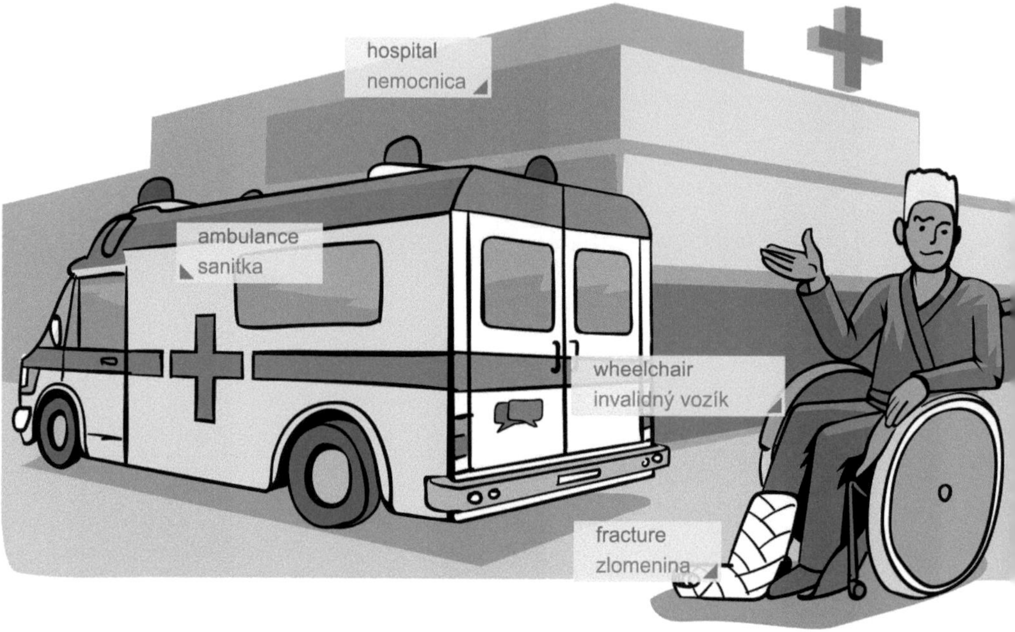

hospital
nemocnica
ambulance
sanitka
wheelchair
invalidný vozík
fracture
zlomenina

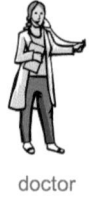

doctor

lekár

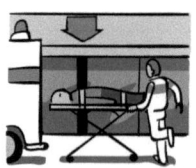

emergency room

urgentný príjem

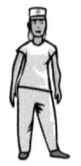

nurse

sestrička

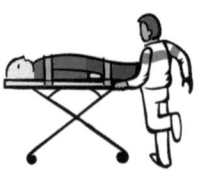

emergency

urgentný prípad

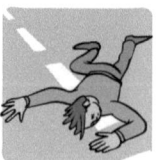

unconscious

v bezvedomí

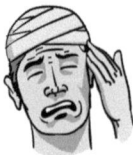

pain

bolesť

injury
....
zranenie

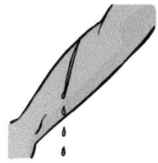

bleeding
....
krvácanie

heart attack
....
srdcový infarkt

stroke
....
mozgová porážka

allergy
....
alergia

cough
....
kašeľ

fever
....
teplota

flu
....
chrípka

diarrhoea
....
hnačka

headache
....
bolesť hlavy

cancer
....
rakovina

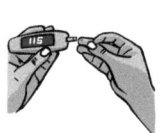

diabetes
....
cukrovka

surgeon
....
chirurg

scalpel
....
skalpel

operation
....
operácia

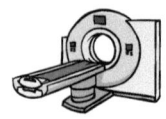

CT

CT

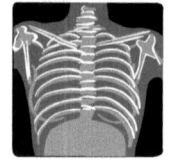

x-ray

RTG

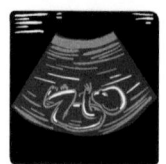

ultrasound

ultrazvuk

face mask

maska

disease

choroba

waiting room

čakáreň

crutch

barla

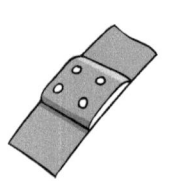

plaster

náplasť

bandage

obväz

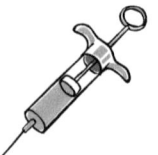

injection

injekcia

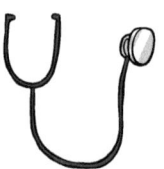

stethoscope

fonendoskop

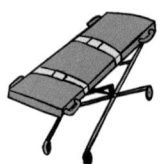

stretcher

nosidlá

clinical thermometer

teplomer

birth

pôrod

overweight

nadváha

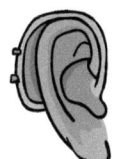

hearing aid

audiofón

disinfectant

dezinfekčný prostriedok

infection

infekcia

virus

vírus

HIV / AIDS

HIV / AIDS

medicine

medicína

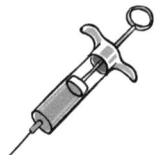

vaccination

očkovanie

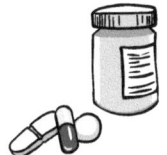

tablets

tabletky

pill

antikoncepčná pilulka

emergency call

tiesňové volanie

blood pressure monitor

tlakomer

ill / healthy

chorý / zdravý

hospital - nemocnica

Help!	alarm	assault
Pomoc!	alarm	prepad

attack	danger	emergency exit
útok	nebezpečenstvo	núdzový východ

Fire!	fire extinguisher	accident
Horí!	hasičský prístroj	nehoda

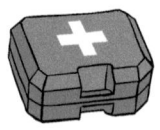		
first-aid kit	SOS	police
kufrík prvej pomoci	SOS	polícia

Europe

Európa

North America

Severná Amerika

South America

Južná Amerika

Africa

Afrika

Asia

Ázia

Australia

Austrália

Atlantic

Atlantický oceán

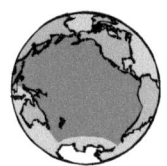

Pacific

Tichý oceán

Indian Ocean

Indický oceán

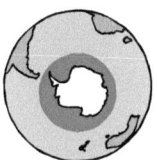

Antarctic Ocean

Južný oceán

Arctic Ocean

Severný ľadový oceán

North Pole

Severný pól

South Pole

Južný pól

Antarctica

Antarktída

Earth

Zem

land

krajina

sea

more

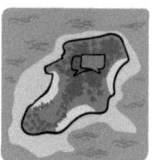

island

ostrov

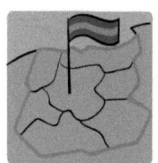

nation

národ

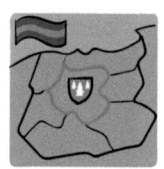

state

štát

clock face

ciferník

hour hand

hodinová ručička

minute hand

minútová ručička

second hand

sekundová ručička

What time is it?

Koľko je hodín?

day

deň

time

čas

now

teraz

digital watch

digitálne hodiny

minute

minúta

hour

hodina

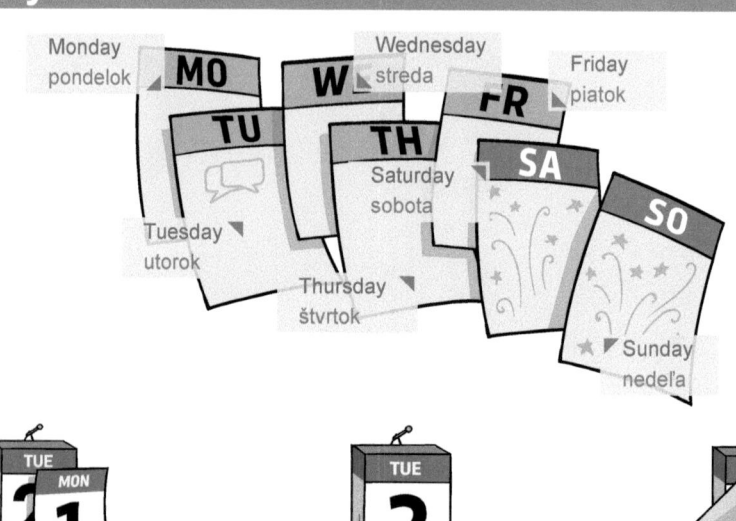

Monday / pondelok
Wednesday / streda
Friday / piatok
Tuesday / utorok
Saturday / sobota
Thursday / štvrtok
Sunday / nedeľa

yesterday

včera

today

dnes

tomorrow

zajtra

morning

ráno

noon

poludnie

evening

večer

MO	TU	WE	TH	FR	SA	SU
1	2	3	4	5	6	7
8	9	10	11	12	13	14
15	16	17	18	19	20	21
22	23	24	25	26	27	28
29	30	31	1	2	3	4

business days

pracovné dni

MO	TU	WE	TH	FR	SA	SU
1	2	3	4	5	6	7
8	9	10	11	12	13	14
15	16	17	18	19	20	21
22	23	24	25	26	27	28
29	30	31	1	2	3	4

weekend

víkend

year
rok

rain
dážď
spring
jar
summer
leto
wind
vietor
autumn
jeseň
snow
sneh
winter
zima

4.APRIL 11°
5.APRIL 4°
6.APRIL 13°
7.APRIL 8°
8.APRIL 10°

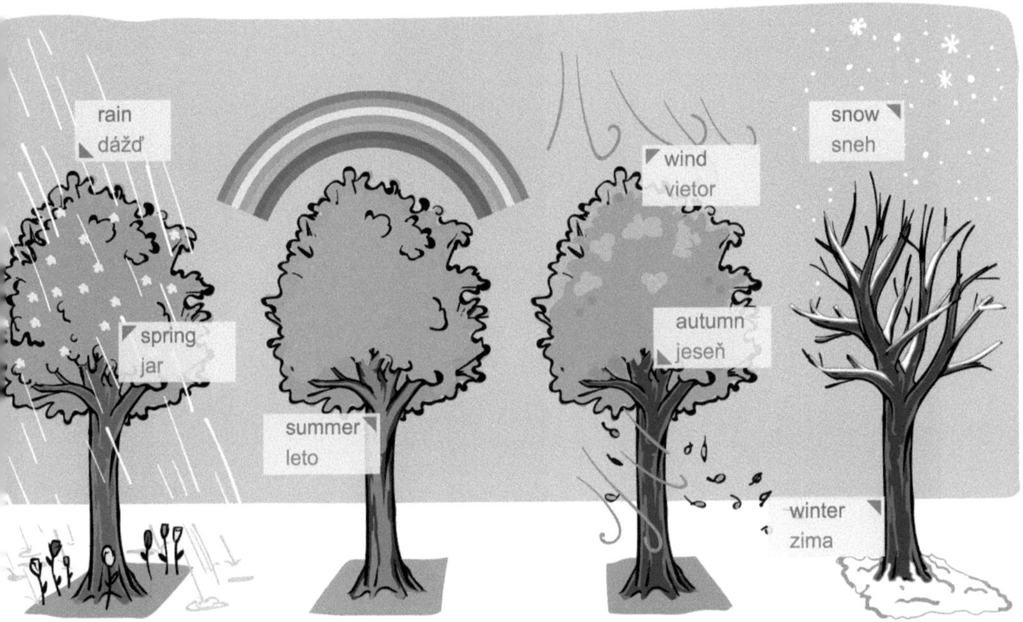

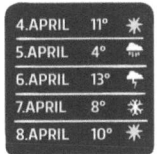

weather forecast

predpoveď počasia

F C
120 40
90 30
60 20
30 10
0 0
-30 -10
-20

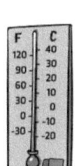

thermometer

teplomer

sunshine

slnečný svit

cloud

oblak

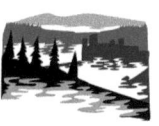

fog

hmla

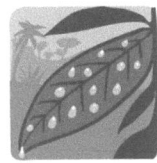

humidity

vlhkosť vzduchu

lightning

blesk

thunder

hrom

storm

búrka

hail

krúpy

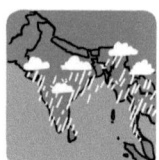

monsoon

monzún

flood

záplava

ice

ľad

January

január

February

február

March

marec

April

apríl

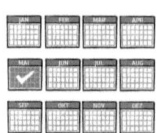

May

máj

June

jún

July

júl

August

august

September
....
september

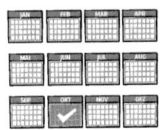

October
....
október

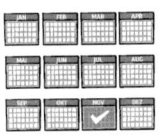

November
....
november

December
....
december

shapes
tvary

circle
....
kruh

square
....
štvorec

rectangle
....
obdĺžnik

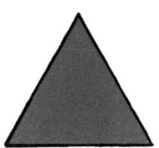

triangle
....
trojuholník

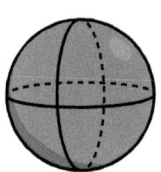

sphere
....
guľa

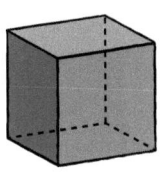

cube
....
kocka

colours
farby

white
....
biela

yellow
....
žltá

orange
....
oranžová

pink
....
ružová

red
....
červená

purple
....
fialová

blue
....
modrá

green
....
zelená

brown
....
hnedá

grey
....
šedá

black
....
čierna

a lot / a little
veľa / málo

angry / calm
zúrivý / pokojný

beautiful / ugly
pekný / škaredý

beginning / end
začiatok / koniec

big / small
veľký / malý

bright / dark
svetlý / tmavý

brother / sister
brat / sestra

clean / dirty
čistý / špinavý

complete / incomplete
úplný / neúplný

day / night
deň / noc

dead / alive
mŕtvy / živý

wide / narrow
široký / úzky

edible / inedible

chutný / nechutný

evil / kind

zlostný / láskavý

excited / bored

vzrušený / unudený

fat / thin

tlstý / chudý

first / last

prvý / posledný

friend / enemy

priateľ / nepriateľ

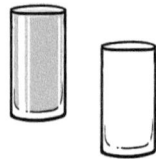

full / empty

plný / prázdny

hard / soft

tvrdý / mäkký

heavy / light

ťažký / ľahký

hunger / thirst

hlad / smäd

ill / healthy

chorý / zdravý

illegal / legal

nelegálny / legálny

intelligent / stupid

inteligentný / hlúpy

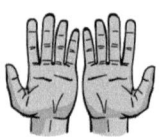

left / right

vľavo / vpravo

near / far

blízko / ďaleko

new / used nový / použitý	**nothing / something** nič / niečo	**old / young** starý / mladý

on / off zapnuté / vypnuté	**open / closed** otvorené / zatvorené	**quiet / loud** tichý / hlasný

rich / poor bohatý / chudobný	**right / wrong** správne / nesprávne	**rough / smooth** drsný / hladký

sad / happy smutný / šťastný	**short / long** krátky / dlhý	**slow / fast** pomaly / rýchlo

wet / dry mokrý / suchý	**warm / cool** teplý / studený	**war / peace** vojna / mier

opposites - protiklady

numbers
čísla

0

zero

nula

1

one

jeden

2

two

dva

3

three

tri

4

four

štyri

5

five

päť

6

six

šesť

7

seven

sedem

8

eight

osem

9

nine

deväť

10

ten

desať

11

eleven

jedenásť

12

twelve

dvanásť

13

thirteen

trinásť

14

fourteen

štrnásť

15

fifteen

pätnásť

16

sixteen

šestnásť

17

seventeen

sedemnásť

18

eighteen

osemnásť

19

nineteen

devätnásť

20

twenty

dvadsať

100

hundred

sto

1.000

thousand

tisíc

1.000.000

million

milión

numbers - čísla

English
anglictina

American English
americká angličtina

Chinese Mandarin
mandarínska čínština

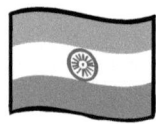

Hindi
hindčina

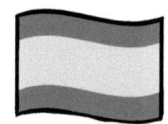

Spanish
španielčina

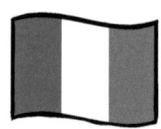

French
francúzština

Arabic
arabčina

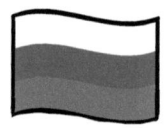

Russian
ruština

Portuguese
portugalčina

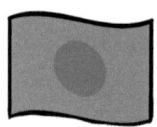

Bengali
bengálčina

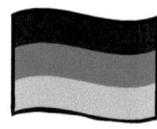

German
nemčina

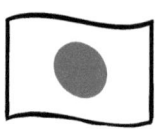

Japanese
japončina

I
ja

you
ty

he / she / it
on/ona/ono

we
my

you
vy

they
oni

who?
kto?

what?
čo?

how?
ako?

where?
kde?

when?
kedy?

name
meno

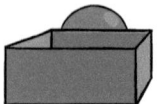

behind

za

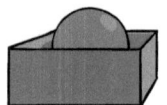

in

v

in front of

pred

over

nad

on

na

under

pod

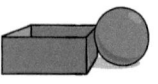

beside

vedľa

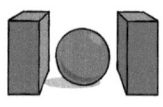

between

medzi

place

miesto